女声3部合唱

I Have a Dream

アンジェラ・アキ 作詞・作曲／遠藤謙二郎 編曲

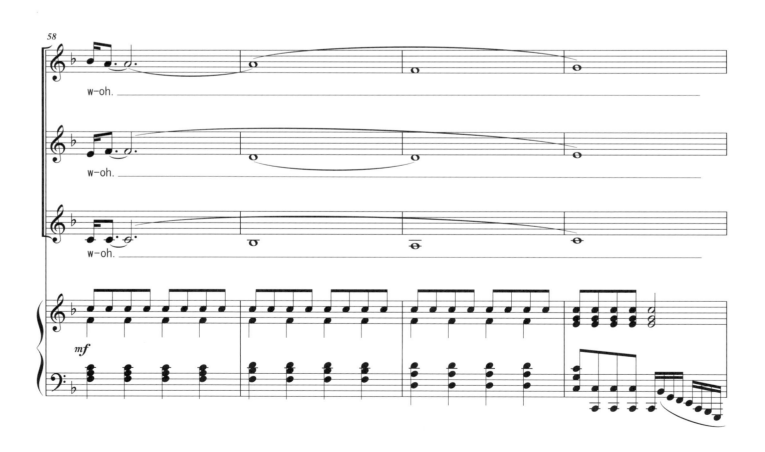
10

I Have a Dream

アンジェラ・アキ 作詞・作曲

君の名前を忘れそう
あれほど一緒にいたのに
君の顔が霞んでいる
あれほど見つめていたのに

君と描いた未来図を
記憶の壁に飾っている
迷子の君が帰ってこれるように 今夜も心を灯している

叶える前に はぐれた夢は
どこへいくの どこへいくのだろう
取り戻すため名前を呼んで
思い出して I have a dream

主を探して歩く夢は
君と瓜二つ
うまれた場所は 恐れない心
故郷は 思うほど遠くない

まだ満たされない約束たちは
どこにいるの どこにいるのだろう
忘れる前に名前を呼んで 思い出して

叶える前に はぐれた夢は
どこへいくの どこへいくのだろう
聞こえるように名前を呼んで
声に出して I have a dream

声に出して 名前を呼んで 思い出して
I have a dream

＝I Have a Dream　演奏ノート＝

遠藤謙二郎

　2011年6月～9月に国立新美術館で開催される「ワシントン・ナショナル・ギャラリー(注1)展／印象派・ポスト印象派　奇跡のコレクション」のテーマソングとして歌われる、アンジェラ・アキさんの曲。ワシントンは、学生時代を過ごし、シンガーソングライターとしての決意を固めた思い出深い町という。当時の「夢」と重ねてか、「叶える前に　はぐれた夢」、「まだ満たされない　約束たち」に向かって、（きっと近くにいるから）「I have a dream」と声に出して呼んで、と歌う。

演奏ノート

【全　体】16分音符とタイが多い歌詞の割り付けになっている。難しく見えるが、「日本語」としてセリフを言うように歌うと、意外に自然に歌える。例えば、冒頭の「きみのなまーえをわすれーそうー」もすべての音符を等しく正確に歌おうとすると難しいばかりか、かえってギクシャクと聞こえる。最初の「き」は次の小節の頭の拍を先取りするような食いつきが欲しい。そして、「まーえを」は力を抜いていき、改めて「わ」をしっかり捉え、再び「すれー」、「そうー」と力を抜く。こうして、少し極端なくらい「言葉のリズム」を明確にしていくと、メリハリもでて、つかみやすい。

【3小節】前奏に続いて、8小節をアカペラで歌う。低い音域を歌うアルトは、身体全体を開き、自分がパイプオルガンの太いパイプになったようにイメージして深い声をだす。無理して大きな声を出そうとしないこと。ソプラノにとっても比較的低い音域。ソプラノとしての音色が失われることの無いように喉の奥を十分に開けながらも口は開きすぎないこと。いずれも、響きが失われないように、横隔膜で支えながらたっぷり息を使って歌う。音量は小さくても、3パートのバランスの取れたハモリが、訴求力を生む。

【19小節】いわゆるサビの部分。音量の変化、音の高低の変化に富む。25小節の、タイトルの歌詞「I have a dream」は、***mp*** ながら、「小さい音の持つ表現力」を出して欲しい。

【62小節】ここから77小節までは、ピアノのリズムパターンに乗って同じことを繰り返しながら盛り上げていく。

【74小節】オクターブの跳躍が難しい。高い音を出すとき（に限らないが）は、常に脱力、喉の奥を開ける、横隔膜の支えなど、直前の準備が大切。しかし、ここでは高いF音を出す前に、低いFで響きにくい「こ」を発音しなければならないことが、それを難しくしている。極端に言えば、「こ」と「にだ」はアルトに任せ、「えー」と「してー」だけ歌えば、全体としてはつながるが、これではおもしろくない（練習のひとつのステップとしては、それもある）。ひとつの練習方法は、高いFを「えー」と長くのばし、そのまま音を切らずに低いFまでズリ下げて（**portamento**）力を抜いて「えー」とつなげ、高い音のポジションで低い音を出す。上手くできたら、その低い音から高い音を狙う練習をし、次第に楽譜通りのリズム、母音、子音を付けていく。

【78小節】さっと波が弾くように「dream」からハミングにつなぐ上声部のデクレッシェンドと、突然の ***p***（***subito p***）で、低音も強いリズムも無くなったピアノをバックに、アルトの ***mp*** のメロディ。上にも書いたが、小さな音量には、思いの外強い表現力が生まれる可能性がある。各パートとも、他のパートとのバランスも含め、一音一音をおろそかにしない集中力と、丁寧に客席に向かって訴えかけることが大切。

注1）National Gallery of Art。アメリカ合衆国の首都ワシントンD.C.の緑豊かな中心部、ホワイトハウスにほど近い一角に位置する美術館。

☆☆☆ 全国書店・楽器店にて大好評発売中!! ☆☆☆

【オンキョウ合唱ピースシリーズ】

合唱ピース001	女声3部	世田谷うたのひろば あるレクイエム	定価(800円+税)
合唱ピース002	女声3部	世田谷のうた お行儀のいい小鳥たち	定価(800円+税)
合唱ピース003	女声3部	世田谷の歌 あじさい村	定価(600円+税)
合唱ピース004	女声(児童)3部	千の風になって	定価(800円+税)
合唱ピース005	女声3部	アメージンググレイス	定価(600円+税)
合唱ピース006	女声(児童)3部	まあるいいのち	定価(600円+税)
合唱ピース007	混声4部	白百合の花が咲くころ	定価(800円+税)
合唱ピース008	女声(児童)3部	旅立ちの日に	定価(600円+税)
合唱ピース009	女声3部	まあるい地球は誰のもの・なごり雪	定価(800円+税)
合唱ピース010	混声4部	案 山 子	定価(600円+税)
合唱ピース011	混声4部	愛の流星群	定価(800円+税)
合唱ピース012	混声4部	蕾(つぼみ)	定価(600円+税)
合唱ピース013	混声4部	永遠にともに	定価(600円+税)
合唱ピース014	女声(児童)3部	手紙〜拝啓十五の君へ〜	定価(600円+税)
合唱ピース015	女声(児童)3部	母賛歌・母が教え給いし歌	定価(900円+税)
合唱ピース016	女声3部	愛のままで…	定価(800円+税)
合唱ピース017	女声(児童)3部	アイツムギ	定価(800円+税)
合唱ピース018	混声3部	桜の栞	定価(500円+税)
合唱ピース019	女声3部	ありがとう	定価(600円+税)
合唱ピース020	女声3部	INORI〜祈り〜	定価(600円+税)
合唱ピース021	女声3部	翼をください	定価(600円+税)
合唱ピース022	女声3部	ハナミズキ	定価(600円+税)
合唱ピース023	女声3部	三日月	定価(600円+税)
合唱ピース024	混声4部	1万回のありがとう	定価(600円+税)
合唱ピース025	女声3部	YELL	定価(600円+税)
合唱ピース026	混声4部	3月9日	定価(600円+税)
合唱ピース027	混声4部	希望の歌〜交響曲第九番〜	定価(600円+税)
合唱ピース028	混声3部	桜の木になろう	定価(600円+税)
合唱ピース029	混声4部	残酷な天使のテーゼ	定価(600円+税)
合唱ピース030	混声4部	負けないで	定価(600円+税)
合唱ピース031	混声4部	あすという日が	定価(600円+税)
合唱ピース032	女声3部	空より高く	定価(600円+税)
合唱ピース033	女声3部	I Have a Dream	定価(600円+税)

女声3部・混声4部	手紙〜親愛なる子供たちへ〜	定価(700円+税)
女声3部・混声4部	一粒の種	定価(700円+税)
女声3部	BELIEVE	定価(500円+税)
女声3部	バーゲン・バーゲン／あなたが	定価(700円+税)

OCP.033 女声3部合唱
I Have a Dream

発行日：2011年7月25日 初版発行
編 曲：遠藤 謙二郎
発行者：一木 栄吉
発行所：株式会社オンキョウパブリッシュ
〒353-0003 埼玉県志木市下宗岡4-29-6
TEL048-471-8551 FAX048-487-6090
URL……http://www.onkyo-pub.com/
E-mail…mail@onkyo-pub.com
郵便振替口座 00190-8-561552
印刷所：株式会社ティーケー出版印刷

社団法人日本音楽著作権協会許諾(出)第1108534-101
ISBN 978-4-87225-311-5 C0073　JAN 4524643039129

御求めは全国書店・楽器店で御買求め下さい。品切れの際は最寄りの書店・楽器店に注文するか、直接当社宛へ現金書留、または郵便振替口座 00190-8-561552で本体価格に、消費税を加えて御注文下さい。
歌集、詩集、イラスト集、その他自費で出版を御希望の方は部数に関係なく御相談下さい。　送料無料!!

落丁、乱丁本はお取り替え致します。
この音楽著作物の全部または一部を権利者に無断で複製（コピー）する事は
著作権の侵害にあたり、著作権法により罰せられます。

みなさまに御願い

♪この音楽著作物の全部または一部を権利者に無断で複製（コピー）する事は
著作権の侵害にあたり、著作権法により罰せられます。
（私的利用などの特別な場合を除きます。）
♪また出版物から不法なコピーが行われますと、出版社は正常な出版活動が
困難となり、ついには皆様方が必要とされる物も出版出来なくなります。
♪音楽出版社と日本音楽著作権協会(JASRAC)は著作者の権利を守り、
なおいっそう優れた作品の出版普及に全力をあげて努力してまいります。
♪どうか不法コピーの防止に皆様方の御協力を御願い致します。

株式会社オンキョウパブリッシュ　社団法人日本音楽著作権協会